ÉLOGE DU DAUPHIN, PERE DE LOUIS XVI.

Par M. l'Abbé CORDIER DE SAINT-FIRMIN*, prononcé le 20 Décembre 1779.*

. . . Que n'eût point fait cette ame vertueuse?
La France sous son regne eût été trop heureuse.

HENR.... VOLT.

À BRUXELLES,

Et se trouve à PARIS,

Chez P. FR. GUEFFIER, Libraire-Imprimeur, au bas de la rue de la Harpe.

1780.

ÉLOGE DU DAUPHIN,

PERE DE LOUIS XVI.

LORSQUE de tous nos Monarques on compte ceux qui ont fait la félicité de leur peuple, qui ne sent nos pertes irréparables depuis un demi-siécle? Hélas! en moins d'onze lustres on a vu descendre dans le tombeau deux Dauphins généralement regrettés. Dès qu'on apprit que l'Elève de Fénelon n'était plus (*a*), *la Nation tomba dans le plus triste abattement. Jamais homme ne fut si tendrement pleuré, il semblait que la patrie était perdue. Il aurait, se disait-on, consolé le Royaume. Le Peuple vient de perdre son pere, & la*

(*a*) Mém. de Madame de Maintenon.

Vertu ſon protecteur. Il eût mis ſa gloire à établir par-tout la juſtice, & la paix. Il ne nous eût point accablé d'impôts ni abandonné aux caprices de Miniſtres cruels. Dieu n'a fait que nous le montrer: nous aurions été trop heureux.

Eſt il un ſeul de mes compatriotes qui ne confonde cet hommage rendu au petit-fils de Louis-le-Grand avec celui que nous rendîmes au pere de Louis-Auguſte. J'oſe entreprendre l'Eloge de l'Héritier préſomptif de la Couronne de Louis XV. La vérité ſera mon guide: qu'aucun homme ne paraiſſe plus ſurpris, que l'Etranger comme le Français, aient arroſé de leurs larmes les cendres du Dauphin que je vais louer. Les grands exemples qu'il a donnés au monde & les belles leçons qu'il a laiſſées aux Rois, lui ont mérité l'admiration de l'Univers.

PREMIÈRE PARTIE.

C'eſt du jour qu'un Prince s'eſt montré pour la premiere fois le bienfaicteur du genre humain, que doit commencer son éloge. Représentons-nous vingt millions d'hommes dans l'attente que le germe des vertus se développe dans un enfant appellé par sa naissance à gouverner. O mes concitoyens ! avec quels transports de joie vous dûtes apprendre comment votre Dauphin, encore entre les bras de sa nourrice, annonça l'ame d'Henri IV, dans le petit-fils de Stanislas. Alors il vous fut aisé d'augurer ce que serait leur descendant; qu'il était satisfaisant de savoir que pour remplir vos espérances, il n'avait qu'à suivre les traces de son vertueux pere, & mettre en pratique les conseils de la plus religieuse des Reines. La renommée attentive à veiller sur les Princes, même dès leur berceau, avait publié les présages heureux de l'enfance du Dauphin. Le Royaume retentissait d'actions de graces pour le présent que le Ciel avait fait à la France; ceux qui avaient quelque connaissance des Cours, ne cessaient de faire des vœux pour cette fleur précieuse que le moindre souffle impur pouvait flétrir. Aussi-tôt qu'on eût nommé les Sages qui présidaient à l'éducation de Louis, la nation entiere croyant déjà recueillir les fruits des leçons que de pareils hommes donneroient à l'Héritier du Trône, chacun se figurait le voir. . . . .

Pourquoi dissimulerions-nous les alarmes que le Dauphin causa? Louons ce Prince comme il eût voulu qu'on le louât en sa présence. Qui sait si nous ne servirons pas quelques peuples en faisant l'aveu de ses fautes? Quel fléau pour une Nation que celui d'être gouvernée par un Roi ennemi du travail, entier dans ses volontés, & sujet à la colère; mal sans bornes dans un pouvoir qui n'en a pas. Peut-on, sans un frémissement, penser aux suites funestes que pouvaient avoir les écarts de la jeunesse du Dauphin. Il avait le caractère ardent & impétueux. Il s'irritait facilement quand on combattait ses goûts, l'étude l'ennuyait, les louanges & les reproches faisaient peu d'impression ſur lui ; on ne l'effrayait pas par des menaces, on ne le gagnait point par des récompenſes. Quelle conſternation jette par-tout un jeune Prince, ainſi entraîné par la fougue de ſes paſſions !

Qui que vous ſoyez, qui par votre rang attirez ſur vous les yeux, aimez à vous faire raconter le triomphe du Dauphin ſur ſes penchans ; tous les hommes ſont ſujets à avoir des faibleſſes ; mais pour mériter d'être les maîtres du monde, il faut auparavant l'être de ſoi-même. Que le Dauphin prêtant attention à la voix d'un Châtillon, d'un Boyer, d'un du Muy, d'un Polaſtron, d'un Saint-Cyr, d'un Marbœuf, paraît cher à l'humanité ! C'était la valeur & la piété qui éclairaient Louis ſur ſes obligations.

Quelles ſont ſacrées les obligations d'un Dauphin ! Qu'eſt-ce qu'un Dauphin ? Un Dauphin eſt le fils de l'Etat, à qui la patrie prodigue ſes dons, dans l'eſpoir qu'il en ſera le pere. C'eſt ſans doute afin qu'aucun ſoin ne le détourne de ce qu'il a à faire pour le devenir, qu'elle pourvoit à tous ses besoins. Né pour regner, c'est en soutenant la Couronne, qu'il doit se préparer à la porter, & c'est en étant le plus ferme appui du Trône qu'il prouve qu'il sera digne de s'y asseoir. S'il est placé aux côtés du Souverain, c'est afin d'apprendre à conduire les rênes du gouvernement, & s'il est élevé au-dessus de tous les sujets de l'Empire, ce n'est que pour qu'il puisse mieux les étudier. Il faut sur-tout, qu'il se ressouvienne qu'étant le premier sujet du Royaume, il n'en est que plus subordonné au pouvoir du Monarque, & que ce ne sera qu'après avoir su obéir qu'on le jugera capable de commander. De quelle prudence un Dauphin a besoin, soit dans les armées, soit dans les conseils! Que de mesures il a à garder, même en cherchant à se concilier l'amour du peuple! ses meilleures intentions peuvent être mal interprétées, on pese toutes ses paroles, on examine toutes ses démarches. Continuellement sur les bords des abymes qui environnent les Trônes, c'est-là qu'on éprouve sa vertu. Ne semble-t-il pas qu'un Dauphin ne soit dans le palais de nos Rois que pour surmonter devant les représentans des Nations tous les obstacles à vaincre, pour être jugé digne d'avoir le front ceint du diadême.

Religion divine! Religion que la pieuse Leczinska implorait pour que son fils fût digne du Trône, ce fut donc ton bras invisible qui retenait le Dauphin lorsqu'il était près des précipices! Ce fut donc toi qui l'engageais à fermer l'oreille aux discours pernicieux des flatteurs! Ce fut donc toi, Religion chrétienne, qui inspiras au Dauphin cette aménité qui en fit le Prince le plus doux, & le plus compâtissant, & qui lui persuadas qu'il n'était destiné à la grandeur suprême, que pour être la règle vivante des mœurs! Que le monde entier sache que c'est à la sublimité de la morale de notre Religion, que le Dauphin publiait qu'il était redevable d'avoir dompté la nature. Je ne louerai pas le Dauphin de ce qu'il ne pouvait appercevoir un malheureux ſans que toutes ſes entrailles fuſſent émues: n'était-il pas homme? Dois-je citer les différens traits de ſa charité, ingénieuſe à ſe dérober aux regards de ſon Gouverneur, qui avait été contraint de mettre des bornes aux libéralités de ſon Elève. Quand on n'eût pas découvert les moyens auxquels Louis avait recours pour ſuivre ſon inclination bienfaiſante; il en trouva la récompenſe dans ſon cœur.

A Dieu ne plaiſe que je faſſe un mérite au Dauphin de ſon action généreuſe envers l'Officier bleſſé qui ſollicitait une gratification pour aller aux eaux. Louis n'était-il pas Prince? Qui pourrait exprimer l'effet que produiſirent dans l'ame d'un Militaire ces paroles de l'Héritier du Trône. *Monſieur, voilà de quoi faire votre voyage. Vous ſoliciterez votre gratification à votre retour.*

C'eſt le pacte que le Dauphin fit avec d'auguſtes Princeſſes, ſes ſœurs, de s'avertir de leurs défauts, c'eſt l'obligation qu'il imposa au véridique Saint - Cyr de ne lui point cacher la vérité, qu'il est utile de célébrer. De pareils exemples sont trop rares dans les Cours pour n'en point perpétuer le souvenir. O temps! ô jours fortunés ! où nos peres voyaient croître à l'ombre des lys un Dauphin, l'honneur de l'humanité, tandis que leur Monarque prenant pour modele le bon Louis XII, & l'immortel Henri, faisait envier aux Nations la destinée de ses sujets par la douceur de son gouvernement, & soutenait par la supériorité de ses armes, le renom que Louis XIV nous a acquis chez nos voisins.

Quoique le Dauphin donnât des fruits à la patrie dans un âge où la plupart des Princes promettent à peine des fleurs, qu'on ne le soupçonne pas d'avoir pour cela eu la témérité de se croire capable de gouverner. *Hé! mon Dieu* (s'écrie-t-il à la nouvelle du péril qui menaçait les jours du Vainqueur de Courtray) *que va devenir ce pauvre Royaume! de quelle ressource puis-je être à la France, moi, qui ne suis encore qu'un enfant?* Le Prince qui pensait ainsi était certainement instruit de l'immensité des devoirs d'un Souverain. Qu'il dût estimer le sort d'un Monarque chéri de ses sujets, en voyant un peuple innombrable voler au-devant de Louis le Bien-Aimé, à son arrivée de Metz !

Ce n'était pas seulement à la Cour de Versailles, que les grandes espérances qu'on avait conçues du Dauphin, fixaient l'attention des plus habiles politiques. On n'ignore pas quel ascendant a sur les esprits un Prince, le fléau des vices, l'ennemi du luxe, de la mollesse, & de tous les amusemens frivoles.

L'empressement de Philippe V à former le nœud qui unit l'Infante avec le Dauphin, était le garant de la haute opinion que l'Espagne avait de ses qualités excellentes. Quelle impression dut faire sur toute l'Europe le sacrifice de ce nouvel époux, s'arrachant des bras d'une épouſe qui faiſait ſa félicité, pour aller ſur les champs de bataille apprécier le dévouement des défenſeurs de l'Etat.

S'il était encore de ces jeunes Princes, qui, ayant à peine quelques notions de l'art militaire, euſſent rougi de prendre des leçons de guerriers blanchis ſous le caſque, quoi de plus propre à les confondre que le Dauphin au ſiége de Tournay, obſervant tout avec attention. Craignait-il le danger? manquait-il d'intrépidité? A Fontenoy, le bruit de la foudre & les cris des combattans ne font qu'échauffer ſon courage; s'élançant vers les Alliés, il n'y a qu'un ordre du Roi qui puiſſe le retenir; impatient de fondre ſur le fameux bataillon quarré des Anglais, déja ſon épée . . . .

Mais Louis XV veut que l'inſtant de la victoire ſoit celui de la clémence. Le Dauphin n'a pas été le maître d'arroſer de ſon ſang les lauriers moiſſonnés par ces corps de braves, qui, dans la paix annonçaient la magnificence de nos Souverains;

après leur avoir ſervi de remparts dans la guerre ; il aura du moins la gloire de rendre en fils du Roi, les témoignages dus à la valeur de nos troupes. C'eût été à la tête de l'armée qu'il eût fallu faire la lecture de la lettre que le Dauphin adreſſait du Camp à la Dauphine ; l'ennemi eût ſur le champ été à même d'être convaincu des prodiges qu'opèreront toujours les Français, quand ils ſeront ſûrs que leurs Princes ſauront ce qu'ils ſont pour la patrie.

Lorſque le Dauphin, après la priſe de Tournay, de Gand, de Bruges, de Dandermon, d'Oſtende, de Nieuport & d'Ath, recevait les embraſſemens du digne objet de ſon amour, de la Princeſſe, qui avait mérité ſon cœur, de ſa femme, n'héſitons pas de prononcer ce mot, qui, par une ſuited e la corruption des mœurs, ſemble n'être plus fait que pour le vulgaire; c'était le mot favori du Dauphin : *Ma femme, ma chere femme*, lui écrivait-il, *je vous aime beaucoup plus que moi-même.*

Lorſque ce Prince s'occupait de tout ce qui pouvait faire le bonheur de celle qui régnait ſur ſon ame, qui l'eût dit que leur couche nuptiale ſerait ſitôt changée en un lit de deuil? Malgré les efforts du Dauphin pour ſe rendre aux vives inſtances du plus ſenſible des Monarques, Louis le plus tendre des pères, allait voir ſon fils ſuccomber à la douleur. Doctrine céleſte du Chriſtianiſme! il n'était réſervé qu'à toi d'obtenir du Dauphin ſa réſignation aux décrets du Tout-Puiſſant. Etre ſuprême, qui méconnaîtrait ta providence! Marie-Joſephine de Saxe était deſtinée à réparer le vuide que laiſſait dans le cœur de Louis la perte de la fidelle Compagne de ſes goûts & de ſes vertus.

Puiſque les exemples que donnent les Souverains influent ſur l'Univers, que d'un pôle à l'autre on ſe réjouiſſe de ce que le Trône où devait monter le Dauphin, offrant le tableau le plus parfait de l'union conjugale, nous ne ſoyons pas réduits à recourir à l'hiſtoire pour inviter ces hommes qui reglent leur conduite ſur celle des Princes, à ſe peindre Louis & Marie-Joſephine vivant dans l'intimité la plus étroite, ſe prévenant dans leurs deſirs, & n'ayant qu'un même eſprit, & qu'une même volonté. Comme ils s'aiment, ſe diſaient tous ceux qui les approchaient! C'était l'unique exhortation que les chefs de famille faiſaient aux époux qu'ils uniſſaient.

Qu'il deviendra puiſſant, l'empire dont les Princes ſerviront, comme le Dauphin, de modele à ceux qui s'engagent ſous les douces loix de l'hymenée.

Il ſuffit d'avoir conſulté nos annales, pour juger de quelle fermeté le Dauphin eut beſoin pour perſévérer à montrer, dans le dix-huitieme ſiécle, l'exemple des mœurs, qu'on exigeait d'un Prince, à la Cour du pere des Bourbons.

Quel dût être l'étonnement des flatteurs, de voir l'Héritier préſomptif de la Couronne de Louis XV, les fuir, pour aller prendre les avis des Burrhus & des

Sénèques;

Sénèques! Quelle conſpiration dût ſe former contre le Prince, qui, voulant être éclairé, avait dit à l'Abbé de Marbœuf ces paroles mémorables: *Vous voyez ſouvent des hommes.* Que de ſacrifices le Dauphin eut à faire pour apprendre à les connaître! Que ne puis-je rendre compte de toutes les glorieuſes occupations de ce Prince! Loin de ſe donner en ſpectacle pour diſputer des prix indignes de ſes mains; loin de s'énerver le corps par tous les excès de la volupté; loin de proſtituer le temps à de vils plaiſirs, le Dauphin s'inſtruiſait de la puiſſance des Nations, du caractère des peuples, de la population de nos provinces, de leur pauvreté & de leurs richeſſes. Qu'on aime à admirer le Dauphin conſacrant les heures que la plupart des Princes conſument dans de pénibles bagatelles, à connaître les ſciences & les arts que les Souverains doivent protéger.

Genies qui éclairâtes le monde, que ne dépend-il de moi de reſſuſciter les morts (disait le Titus de la Lorraine) ; *aidé de vos lumieres, & guidé par l'expérience, je composerois le Code des Rois.*

Sans qu'Homère, Cicéron, Virgile, Horace, Juvenal, Quinte-Curce, Tite-Live, Sallufte, Tacite, sortent de leurs tombeaux ; sans troubler les mânes des Grotius, Puffendorff, Descartes, Mallebranche, Leibnitz, Newton, Paschal ; sans remuer les cendres d'un Mezeray, d'un Corneille, d'un Racine, d'un Moliere, d'un Boileau, d'un Lafontaine, d'un Pope, n'a-t-on pas leurs ouvrages immortels ? C'est dans ces sources que le Dauphin puise les connaissances qu'il veut avoir des replis les plus secrets du cœur humain ; c'est dans ces mines qu'il va fouiller pour apprendre à distinguer l'or pur d'avec le vil métal ; c'est dans ces champs fertiles que le Dauphin s'étudie à découvrir les poisons qui lui seront présentés.

Nous regretterions les journées que le Dauphin passait à orner sa mémoire des chefs-d'œuvre des plus célèbres Ecrivains, tant anciens que modernes, ſi ne voulant que ſatisfaire une vaine curioſité, il n'eût eu d'autre intention que de faire briller ſon eſprit; c'était pour en nourrir ſon ame, que le Dauphin recueillait les fruits que ces généreux vengeurs de la vérité eſpéraient qu'on retirerait de leurs veilles; imbu des avertiſſemens que Fénelon, Boſſuet, Bourdaloue, Fléchier, Maſſillon, donnent aux Princes, il entre dans les conſeils du Roi.

Quelle conduite tiendra le Dauphin dans ces aſſemblées, dont les opérations décident de la proſpérité, ou de la décadence du Royaume, & dont un ſeul des arrêts enfante les Jacques Cœur, les Jambart, les Forbin, les Chevert, ou bien étouffe la flamme que nourriſſaient les Dugay - Troüin, les Luxembourg, les Turenne, les Catinat, les Vauban, les Villars? S'il ne faut qu'une erreur qui s'y eſt commiſe, pour éloigner le Négociant de nos ports, arrêter les reſſorts du commerce, & décourager le Cultivateur, il ſuffit qu'on y ſeconde les vues d'un d'Amboiſe, d'un Sully, d'un Colbert, pour que les mers, couvertes de nos vaiſſeaux, aſſurent à l'étranger la confiance avec laquelle il doit venir trafiquer à l'abri de nos pavillons, & pour que nos campagnes qui étaient dévaſtées, ſoient bientôt arroſées des ſueurs du Laboureur, qui n'aura pas à craindre que des brigands s'emparent de ſes moiſſons.

Quelle conduite tiendra le Dauphin, lorſqu'on diſcutera les droits & les intérêts réciproques des Rois & des peuples? Son ſilence & ſa modeſtie lui dérobent pour un temps une partie de ſa gloire; mais qu'il ait occaſion de développer ſon éloquence & ſa ſagacité, c'eſt alors que les Miniſtres, à peine revenus de leur ſurpriſe, ſentent tout ce qu'ils peuvent pronoſtiquer de la capacité que montrait le Prince, éclairé par l'éloquent & incorruptible d'Agueſſeau. Elevez la voix, ſoutiens inébranlables du Trône de Charlemagne, Français que le Dauphin aſſembla pour s'oppoſer aux progrès . . . . .

Laiſſons parler ceux qui furent les

témoins de la sageſſe & de la pénétration du jeune Prince, que Louis XV, baigné dans ſon ſang, avait chargé de ſes volontés. Et toi, Poſtérité, juge impartial, lorſque tu voudras entretenir les ſiécles les plus reculés des lumieres du Dauphin, conſulte ſes écrits! O monumens précieux! que dans tous les âges ils rendront chere au peuple la mémoire de leur protecteur que je loue!

SECONDE PARTIE.

Les Créons, les Protéſilas, les Timocrates, déſeſpéraient d'attirer le Dauphin dans leurs piéges. Il ne faut qu'une légère expérience de leurs ſourdes manœuvres, pour concevoir d'où partirent les traits lancés contre l'Héritier de la Couronne, qui les avait démaſqués. Tremblez, lâches, eût-on pu leur répondre, lorſqu'ils affectaient de demander avec ironie : Que fait le Dauphin? Le Dauphin, eût-on pu leur répondre, s'informe de l'uſage que font de leur pouvoir ces Miniſtres, ces Gouverneurs de Provinces, ces Généraux, ces Chefs de la Religion & de la Magistrature, qu'il observait de dessus les marches du Trône qu'ils investissaient. Le Dauphin, eût-on pu leur répondre, s'entretient avec cet Aristide, & avec ce Bélisaire, si cruellement persécuté par l'envie. Le Dauphin, eût-on pu répondre aux Verrès, se fait rendre compte de vos exactions. Tite veut connaître les infâmes Othon & les voluptueux Sédécion, dont il doit se défier. Toutes les fois qu'on se représente le Dauphin dans la retraite, saisissant les instans du calme pour indiquer les écueils de la mer la plus célebre par ses naufrages, qui ne s'imagine voir le fils d'Ulisse rentrant dans Itaque, avec l'image des dangers qu'il avait courus, & croyant encore entendre Mentor lui donner ses instructions?

Le Dauphin n'a pas, comme Marc-Aurele, eu l'autorité de publier des réglemens contre les prévarications des dépositaires du bonheur public, contre le luxe & contre la corruption des mœurs. Le

Dauphin n'a pas eu, comme Marc-Aurele, le ſceptre entre ſes mains pour venger la vertu foulée aux pieds par le vice, chargé de ſes dépouilles, & pour briſer les chaînes dont on accablait le mérite retenu dans l'obſcurité par la brigue & par la cabale.

Le Dauphin n'a pas, comme Marc-Aurele, été le maître d'interdire toutes les avenues du Trône aux vils corrupteurs des Rois. Mais, comme Marc-Aurele, le Dauphin a tracé aux Souverains la voie qu'ils ont à ſuivre pour être les idoles de leurs ſujets.

* *Tout gouvernement doit avoir pour baſe la juſtice & la religion. Le principal objet de l'attention d'un Roi eſt le ſoulagement de ſes peuples, & ſa plus grande gloire eſt de les rendre heureux. Toute impoſition eſt injuſte, lorſque le bien général ne l'exige pas. Un état doit périr néceſſairement, lorſque ſes revenus ne ſont pas adminiſtrés avec la plus exacte & la plus prudente économie. Le plus grand art des*

* Mémoires du Dauphin.

Rois eſt de connaître les hommes, & de les placer dans les emplois qui leur conviennent. Rien de plus néceſſaire aux Souverains que de connaître la vérité. Il eſt rare qu'un Monarque forme de ſang-froid le projet de mettre ſes ſujets en eſclavage. L'humanité s'y oppoſe, ſon intérêt propre l'en détourne.

Voilà quel était l'objet des méditations du Dauphin dans ſa ſolitude. Voilà quel était le plan de la conduite qu'il voulait tenir, s'il montait jamais ſur le Trône.

C'était à Louis IX que le Dauphin deſirait de reſſembler. Louis IX bannit de ſes Etats les violences & l'oppreſſion. Il y fit regner la juſtice. *La puiſſance des Rois*, écrivait le Dauphin, *n'eſt établie que pour exercer celle de Dieu même, pour punir & récompenſer, effrayer par les châtimens, attirer par les bienfaits, terminer les diſſentions & les querelles, maintenir le bon droit, le défendre contre la violence, entretenir l'union entre tous les membres de l'Etat, faire naître une noble émulation, alléger, autant qu'il eſt poſſible, le joug de l'autorité.*

Louis IX, par ſon zele pour la Religion, fit voir tout ce qu'elle peut dans le cœur d'un Monarque pour la félicité des peuples. Mais quel que fût ſon attachement inviolable à l'Egliſe, il ſut réſiſter avec force aux entrepriſes du ſacerdoce, contre les droits de l'Empire.

Quand en ſe rappellant tous les actes de piété du Dauphin, on compare les lumieres de notre nation lors des guerres des croiſades, avec celles qu'elle a acquiſes depuis que le grand Archevêque de Cambray a éteint les feux du fanatiſme dans l'Aunis & dans la Saintonge, peut-on, ſans fondre en pleurs, réfléchir ſur tout le bien qu'eût fait un Souverain dont la religion eût été auſſi éclairée que devait l'être celle du Dauphin? Rapportons ſes remarques, tirées de l'Eſprit des Loix, & que ce Prince avait adoptées. *Le pouvoir du Clergé eſt très-convenable dans un Etat monarchique. Il ſert de bornes au deſpotiſme, ſans y oppoſer de violence;*

mais laisser les Ministres empiéter sur les droits de la puissance temporelle, n'est-ce pas introduire l'anarchie dans l'Etat, l'ambition dans le sanctuaire? Louis IX réduit à la malheureuse nécessité de faire la guerre, se mit à la tête de ses armées; mais combien de fois il s'écria, quoique victorieux :

Je conquerrai la paix, je conquerrai la paix.

Eviter les guerres sans les craindre, les soutenir sans les aimer, s'abandonner au péril où les autres se précipitent, verser son sang avec courage, & ménager avec scrupule celui des peuples, c'est le devoir d'un Souverain.

Telles étaient les maximes du Dauphin sur la guerre. Louis IX avait un dénombrement de la noblesse indigente du Royaume. *Un bienfait*, disait le Dauphin, *perd la moitié de son prix, quand on ne sait pas épargner à un homme de naissance la honte de le mendier.*

Louis IX visitait ses provinces; le Dauphin savait que c'est en les parcourant, qu'un fils de Roi pourrait estimer les forces d'une Nation; mais assujetti à l'étrange usage né d'un faste monstrueux de priver nos Princes de l'utilité des voyages, il chargeait des hommes également instruits & désintéressés, de lui donner l'état du Royaume. Louis XV lui envoyait annoncer une augmentation de sa dépense. *Je puis me passer de cette somme*, marqua le Dauphin à son pere, *le pauvre peuple en a besoin.* Des Commissaires avaient ordre de Louis IX, de faire un rôle des Laboureurs indigens qui ne pouvaient travailler, & de pourvoir à leur subsistance. *Il me serait aisé*, répondit le Dauphin à l'un de ses confidens, *d'obtenir du Roi la même pension qu'avoit le Grand-Dauphin. Comme je ne la recevrais que pour la donner, j'aime mieux que le pauvre Laboureur en profite, & qu'elle soit retranchée sur les tailles.*

Louis IX regardait le commerce, les sciences & les arts comme le plus ferme appui du Trône. Aussi les encourageait-il par des diſtinctions & par des récompenſes. Quel Prince s'en montra plus le protecteur que le Dauphin? Louis IX aimait les gens de lettres. Ceux qui ne nous éclairaient que pour aſſurer à la Religion des enfans ſoumis, à l'Etat des citoyens fideles, & aux mœurs des hommes irréprochables, furent comblés des bienfaits du Dauphin. Mais, comme Louis IX, avec quelle ſévérité, s'il eût été Roi, il eût puni ces hommes qui ne ſe ſervent du flambeau du génie que pour porter le ravage dans la ſociété. Pourquoi ne puis-je qu'ébaucher le parallele de Louis IX & du Dauphin?

Louis IX n'aurait point arraché la veuve & l'orphelin de leur maiſon, pour bâtir de ces palais, où il n'y a peut-être aucune pierre ſur laquelle n'aient coulé les larmes des malheureux. On vantait le goût & l'élégance des plans que le Dauphin avait fait, de ſuperbes châteaux, & de magnifiques jardins. *Ils ne coûteront rien au peuple,* dit ce Prince, *car ils n'exiſteront que ſur le papier.* Louis IX prodigue envers les pauvres, fut économe du bien de ſes ſujets, il n'employait pas les revenus de la France à entretenir une table voluptueuſe, tandis que des milliers d'hommes fuſſent morts de faim. Le Duc de la Vauguyon, à l'occaſion d'une fête qui s'était donnée à Verſailles, diſait qu'il ne comprenait pas comment Aſſuerus avait pu tenir à la fatigue des feſtins qu'il donna pendant cent quatre-vingt ſix jours aux Grands du Royaume. *Et moi*, répartit le Dauphin, *je ne comprends pas comment il a pu ſubvenir à la depenſe, & je préſume que ce feſtin de ſix mois à ſa Cour, aura été expié par un jeûne ſolemnel dans ſes Provinces.* Louis IX enfin ne ſe crut Roi que pour être une victime honorable de la félicité publique. *Un Monarque*, ſelon le Dauphin, *doit s'occuper tout entier de ce qui peut faire le bonheur des peuples, leur ſacrifier ſon temps, ſon plaiſir, ſa vie, & ſa gloire même.*

Si le Dauphin eût regné ſur la France,

elle eût donc retrouvé dans ſon Roi ce Charles V, le guide de ſes ſujets aux pieds des autels, l'oracle des Juges dans les tribunaux, & de ſon cabinet impoſant la loi à ſes ennemis. Le Dauphin, en imitant le ſucceſſeur de Jean le Bon, eût donc purgé ſa Cour des ſerpens inſidieux & des perfides caméléons qui infeſtent les palais des Princes ; à l'exemple de Charles le Sage, le Dauphin, s'il eût régné ſur la France, l'eût donc délivré des vautours qui la dévoraient. Ne cherchons plus à découvrir les motifs du déchainement des Laguette & des Lanoue contre le Dauphin. Que le pauvre peuple, dont ces concuſſionnaires s'efforçaient de lui aliéner les eſprits, n'était-il inſtruit du ſort que leur deſtinait ce Prince! Le Dauphin penſait qu'*il fallait punir de mort ceux qui dérobent l'argent du Roi, qui en ſont commerce, qui font des gains illicites & dommageables au public, dans les fournitures des munitions de guerre, dans la conſtruction des édifices publics, & autres pareilles entrepriſes.*

Plus de mille ans après le décès du Prince, qui, refusant les honneurs divins, dit que la vertu seule égale les hommes aux dieux, qu'un Roi juste a l'Univers pour son temple, & que les gens de bien en sont les prêtres & les ministres; plus de mille ans après le décès de cet Empereur Philosophe, un Orateur chargé de le louer, se contenta d'en lire les écrits, & cet éloge fut jugé le plus éloquent de tous ceux qu'on eût fait du fils adoptif d'Antonin, dont on pleurait encore la perte plus de mille ans après son décès. Qu'il me soit permis de faire un vœu. Il ferait à souhaiter qu'on instituât une fête, où tous les ans, à pareil jour, on lût sur les marches du Trône, en présence des Courtisans, & à la face des peuples, le plan du gouvernement du Dauphin. Quelle fête pour l'humanité entiere que celle de se représenter des milliers d'hommes contemplans un Monarque qui entendrait déclarer que la *royauté n'est autre chose que le soin du salut d'autrui, qu'elle exige la vigilance d'un pasteur & la tendresse d'un pere, que le pouvoir de Rois ne leur a été confié que pour empêcher les crimes & les désordres, & pour procurer aux hommes tous les avantages qui peuvent contribuer à les rendre heureux.*

Qui ne se demande, avec l'Historien du Dauphin, pourquoi n'avons-nous bien connu ce Prince & ses grandes qualités, que lorsqu'il a cessé de vivre? *Un Dauphin*, disait continuellement l'Héritier présomptif de la couronne de Louis XV, *doit s'efforcer de paraître un Prince inutile.* Ce ne fut que lorsque le Dauphin eut cessé de vivre, que nous nous apperçûmes que la vertu outragée, que le mérite calomnié, que le faible opprimé avaient perdu leur protecteur auprès du Trône. Ce ne fut que lorsque le Dauphin eut cessé de vivre, qu'une infinité de familles, dont les ancêtres ont prodigué leur sang & leur fortune pour la patrie, s'apperçurent qu'il n'existait plus, l'être magnanime qui les soutenait, sans qu'elles pussent

puſſent ſavoir quel était leur bienfaicteur. Ce ne fut que lorſque le Dauphin eut ceſſé de vivre, que nos provinces s'apperçurent, dans les calamités, qu'elles n'avaient plus pour conſolateur le Dauphin, à qui on repréſentait, qu'il ſerait de la prudence de réſerver un tiers de ſes revenus, & qui répondit: *je ne vois pas que j'aie beſoin de rien.*

Pourquoi n'avons-nous bien connu le Dauphin & ſes grandes qualités, que lorſqu'il eut ceſſé de vivre? Hélas! à la mort de ce Prince, les Sages qui compoſaient ſa cour, ſe trouvaient dégagés de la promeſſe qu'il en exigea, de tenir caché le bien qu'il ferait. Ce ne fut qu'à la mort du Dauphin, que chacun ſe crut libre de révéler ce qu'il ſavait d'un Prince, dont l'unique but avait été de ſe dérober à l'admiration de ſon ſiecle. Que la France eût été heureuſe ſous le règne du Dauphin, *qui n'enviſageait le trône que par les redoutables devoirs qui l'accompagnent, & par les périls qui l'environnent!* Que la

France eût été heureuſe ſous le regne du Dauphin, *qui, voyant dans l'éclat de la couronne, & dans l'élévation du trône, des ſujets pour enivrer ſouvent les ames les mieux nées*, allait oublier ſon rang avec nos Montauſier, afin qu'ils lui parlaſſent avec franchiſe. *Je n'ai d'autre titre avec vous*, leur diſait-il, *que celui de votre ami.*

Français, le Dauphin ne s'occupait que de votre bonheur de deſſus les marches du trône, où ſa naiſſance l'appellait; il n'en deſcendait que pour connaître vos beſoins: c'était ce Prince, qui, s'informant de la ſituation du Royaume, reprit, ſur ce qu'on lui diſait, qu'en général il n'y avait pas de miſere, *il faut que la providence veille; car, ſuivant mon calcul, il devrait y en avoir.* Qu'il eût ſignalé ſon avènement à la couronne, le Dauphin! qui, s'étant appliqué à découvrir comment on avait pu égarer les meilleurs Monarques, avait avancé, *qu'un Roi ne doit pas avoir de favoris.* Qu'il eût été floriſſant, le regne du Dauphin, qui avait obſervé *que la gloire d'un Roi conſiſte à ſavoir allier la force, la ſageſſe & la bonté, pour s'aſſurer par elles l'eſtime & la reconnaiſſance de la Nation!* Pourquoi faut-il que nous ayons perdu le Dauphin, qui avait écrit, *que l'hiſtoire eſt la reſſource des peuples contre les erreurs des Grands, qu'elle donne aux enfans des leçons qu'on n'oſait faire aux Peres, & qu'elle craint moins un Roi dans ſon tombeau, qu'un Payſan dans ſa chaumiere?* Pourquoi faut-il que nous ayons perdu le Dauphin, qui, né pour faire les délices de la France, eſt mort regretté comme Germanicus?

Quelle différence des funérailles du Prince, *qui, ſe déſeſpérant d'avoir bleſſé Chambord,* avait dit: *dès qu'il ſouffre, ne ſuis-je pas aſſez malheureux?* Et de celles de ces tyrans, dont on n'attendait que les obſeques pour laiſſer exhaler les murmures que leur puiſſance avait étouffés pendant leur vie, & pour dévoiler les abominables excès de leur féroce inſenſibilité, & de la perverſité de leur cœur?

Il ne s'effacera jamais de la mémoire de mes contemporains, ce jour de deuil, où le peuple s'était rendu en foule ſur le paſſage des jeunes Princes qui venaient recevoir des leçons de vertu, en entendant louer leur pere. Ici l'on s'entretenait des ſecours envoyés par le Dauphin dans nos aſyles immenſes, où la compaſſion peut à peine entaſſer les victimes de la miſere. Là, c'était l'Artiſan & l'Ouvrier qui exaltaient les largeſſes du Dauphin, diſtribuées dans les manufactures & dans les atteliers, où la rigueur des ſaiſons avait fait ſuſpendre les travaux. On ne traverſait aucunes des rues de la capitale, que les oreilles ne retentiſſent des aumônes abondantes du Dauphin, pour rendre au commerce d'honnêtes citoyens, jettés dans les fers par d'impitoyables créanciers, & pour ouvrir les priſons à des peres qui n'avaient pu payer le lait vendu aux enfans qu'ils élevaient à l'Etat. Qu'ils étaient énergiques, les détails de ces vétérans, couverts de blessures, qui avaient été témoins de la bravoure du Dauphin, lorsqu'il affrontait le trépas dans les campagnes de Flandre, que l'on se plaisait à leur faire raconter tous les traits de bonté & d'affabilité de ce Prince, au camp de Compiegne? Il semblait qu'ils formassent encore, avec leur botte de paille, le siége sur lequel s'était assis leur Colonel. Quelles étaient éloquentes, les larmes dont étaient baignées ces ames guerrieres, en rapportant les expressions du Dauphin, qui leur montrait l'auguste Marie-Josephine. *Enfans, voilà ma femme.*

O soupirs honorables pour la mémoire du Dauphin, que ceux des habitans de la campagne, qui avaient compté sur la protection de ce Prince, en abandonnant leurs foyers à l'usurpateur qui les en avait expulsés, & qui disputant à des barbares les dernieres gerbes destinées à ensemencer leurs terres, les avaient laissées incultes! *Il n'est donc plus*, s'écriaient-ils, *ce bon Dauphin, qui arrosa de ses sueurs les fillons qu'avait tracés la charrue qu'il voulut conduire lui - même ! Comme il aimait l'agriculture ! comme il respectait nos héritages ! Il n'est aucun de nous qui eût à se lamenter, en visitant sa vigne ou son champ, qui s'était rencontré sur le chemin de ce Prince.*

A la vue de l'auditoire, devant lequel l'Orateur de la Religion invoquait le témoignage des Daniels, des Abners, des Samuels & des Esdras du Royaume que devait gouverner le Dauphin qu'il célébrait à l'aspect de sa cendre, que le ministere de la parole, ce ministere que Chrysostome n'annoblit pas moins par son éloquence que par sa fermeté, paraissait digne d'envie ! Plut à Dieu que dès que la coutume s'établit de louer les Princes dans la chaire de vérité, il n'eût été permis d'y monter qu'aux Ambroises. L'Evêque qui avait osé reprocher à Théodose le meurtre de Thessalonique, & commander à son Empereur d'expier son crime, pouvait louer dignement les maîtres du monde dans nos enceintes religieuſes. Fut-il un plus beau triomphe que celui du Panégyriſte du Dauphin, lorſque ſans ſouiller ſon diſcours par de baſſes adulations, il annonçait les qualités de ſon Héros? S'il publiait les lumieres du Dauphin, & l'affection de ce Prince pour le peuple, il voyait au pied de ſon tribunal les Miniſtres qui avaient aſſiſté dans les conſeils où le Dauphin *avait fait valoir ſon opinion ſur le beſoin qu'ont les Rois de former entr'eux & la Nation un amour mutuel, & cette confuſion d'intérêts qui conſtituent la vraie puiſſance, & la durée des Empires.*

Vaillans Capitaines, qui entendîtes de la bouche du Dauphin, qui volait avec vous à la victoire ſur les traces du grand Maurice, que *ce n'était point ſa vie, mais celle d'un Général, qui était précieuſe en un jour de bataille*, que vous dûtes applaudir aux louanges qu'on donnait à l'humanité du Dauphin, qui, regardant après le combat, la campagne jonchée de morts & de bleſſés, dit : qu'*il en doit coûter à un bon cœur pour remporter des victoires !*

Magiſtrats, auxquels le pere de Louis XVI faiſait part de ſes obſervations *ſur l'inſtitution & la vénalité des charges de judicature, ſur la création des Parlemens, ſur l'étendue de leur pouvoir, & ſur le choix à faire de ceux à qui on confie l'adminiſtration de la juſtice*, de quelle ſainte vénération vous dûtes vous ſentir pénétrés, lorſqu'on rappellait le reſpect qu'avait pour les loix le Prince qui fit cette belle réponſe à un Courtiſan qui le ſollicitait de s'intéreſſer dans une affaire délicate ? *Je vois bien que vous n'avez jamais été Dauphin.*

Qu'ils devaient être plongés dans la triſteſſe, ces Pontifes qui connaiſſaient les ſentimens ſublimes que la Religion avait inſpirés au Dauphin, qui, le jour qu'on ſuppléa à ſes fils les cérémonies du baptême, ſe fit apporter le Regiſtre dans lequel l'Egliſe inſcrit les noms des enfans baptisés, le nom du fils d'un artisan précédait celui des jeunes Princes ; il le leur montra. *Apprenez de-là*, leur dit-il, *que tous les hommes sont égaux par le droit de la nature, & aux yeux du Dieu qui les a créés.* Que n'eût point fait pour rendre à notre culte son ancienne splendeur, le Dauphin, dont les habitans de Tournay admirant la piéte & le recueillement, se disaient les uns aux autres : *qu'on ne devait pas s'étonner que le ciel se déclarât pour une armée qui avait à sa tête un Prince si religieux !*

Pourrait-il être encore un ennemi de la Religion du Dauphin, qui, regardant tous les hommes, même ceux qui s'égarent, comme un peuple de freres, dit plus d'une fois : *ne persécutons point, ce n'est pas ainsi qu'on éclaire les hommes.* Qu'il est triomphant pour notre Religion, l'hommage que lui rendit ce Courtisan, qui, frappé de la paix, de la douceur & de la tranquillité d'ame de l'Héritier de la Couronne dans les souffrances, s'écria : *Il n'y a que la Religion qui puiſſe inſpirer tant de courage.* Ciel ! exauce les derniers vœux que t'adreſſa pour la France le Dauphin, qui préſagea que tu répandrais ſur cet Empire tes bénédictions, tant que nos Rois continueront à faire le bonheur de leurs ſujets !

Déjà le peuple n'a pas à gémir de voir ſortir l'or des coffres de l'Etat pour payer les plaiſirs de ſes oppreſſeurs ; déjà par une ſage adminiſtration l'avide Traitant ne calculera plus la miſere publique pour envahir toutes les poſſeſſions. Quelles doivent être nos eſpérances, en ſachant que malgré l'intrigue & le crédit, des abus énormes ſont déjà réformés ? Rois, apprenez d'un Monarque, qui touche encore à ſon cinquieme luſtre, que pour faire la félicité des Nations, vous n'avez qu'à le vouloir ; comme Louis Auguſte, ne prenez conſeil que des Sages ; comme Louis Auguſte, du haut de votre Trône, appellez auprès de vous, ſans diſtinction, tous les hommes vertueux, que les déſerts ne ſoient plus habités que par leurs perſécuteurs. Un Souverain qui eût écouté les perfides Narciſſes, eût-il promulgué ces Edits, où le fils du Dauphin déclare *que rendre ſes peuples heureux eſt ſon unique deſir, & que le bien qu'il pourra leur faire, ſera la plus douce récompenſe de ſes ſoins & de ſes travaux?* Qui n'eût prédit le regne le plus floriſſant au jeune Prince, qui, *après avoir réformé ſa dépenſe, & le faſte de ſa Cour*, publia, *que de tels ſacrifices ne lui coûteront rien, dès qu'ils tourneront au ſoulagement des peuples.*

Dépoſitaires des ſentimens de Louis-Auguſte, qu'il eſt conſolant pour vous, lorſque les malheureux vous expoſent leurs beſoins, d'avoir à leur répéter les expreſſions de leur Souverain? *qu'il aimait mieux jouir plus tard de la ſatisfaction de ſes ſujets, que de les éblouir par des ſoulagemens dont il n'aurait pas aſſuré la ſtabilite.* Qu'il eſt conſolant d'être certain que ce ne ſera qu'après que les Courtisans auront garanti sur leur foi qu'il n'y a pas de pauvres dans le Royaume, que Louis-Auguste épuisera sur eux ses présens !

Promettons avec confiance les jours les plus fortunés au peuple dont le Roi *met sa gloire à commander une nation libre & généreuse*, conformément aux principes du gouvernement du Dauphin. Que de grands hommes doivent naître sous le regne du Monarque, *qui prend tous les moyens de ne jamais refuser des faveurs véritablement méritées, & d'aller même au-devant des hommes modestes, qui ne demanderaient ni la récompense de leurs services, ni l'encouragement des récompenses, auxquels des talens distingués peuvent prétendre !* Quel aiguillon pour les sujets du Monarque, qui fait élever des statues à tous ceux qui ont été l'ornement de la France ! Serait-il une nation assez aveuglée, pour ne point reconnaître la puissance du Prince qui veille sans cesse sur tout ce qui peut faire fleurir dans ses

Etats l'agriculture, le commerce, les ſciences & les arts! Qu'elles doivent être formidables les armées du Souverain, qui vient d'abolir la ſervitude dans ſes domaines, & qui ne couvre les mers de ſes flottes, que pour maintenir les franchiſes & les libertés des peuples contre les uſurpations des tyrans! Pouvais-je mieux finir l'éloge du Dauphin, qu'en célébrant le regne du jeune Monarque, qui doit à ſa conſtance à ſuivre le plan du gouvernement de ſon pere, l'honneur de ſe glorifier *de compter ſur tous les ſortes d'efforts qu'il peut attendre d'une nation dès long-temps diſtinguée par ſon attachement à ſes Rois, & par ſon dévouement pour la gloire.*